Impressum
Verlag: BABADADA GmbH, Nedderfeld 112 , 22529 Hamburg
Geschäftsführer / Verlagsleitung: Harald Hof
Druck: Books on Demand GmbH, In de Tarpen 42, 22848 Norderstedt

Imprint
Publisher: BABADADA GmbH, Nedderfeld 112 , 22529 Hamburg, Germany
Managing Director / Publishing direction: Harald Hof
Print: Books on Demand GmbH, In de Tarpen 42, 22848 Norderstedt, Germany

škola
escola

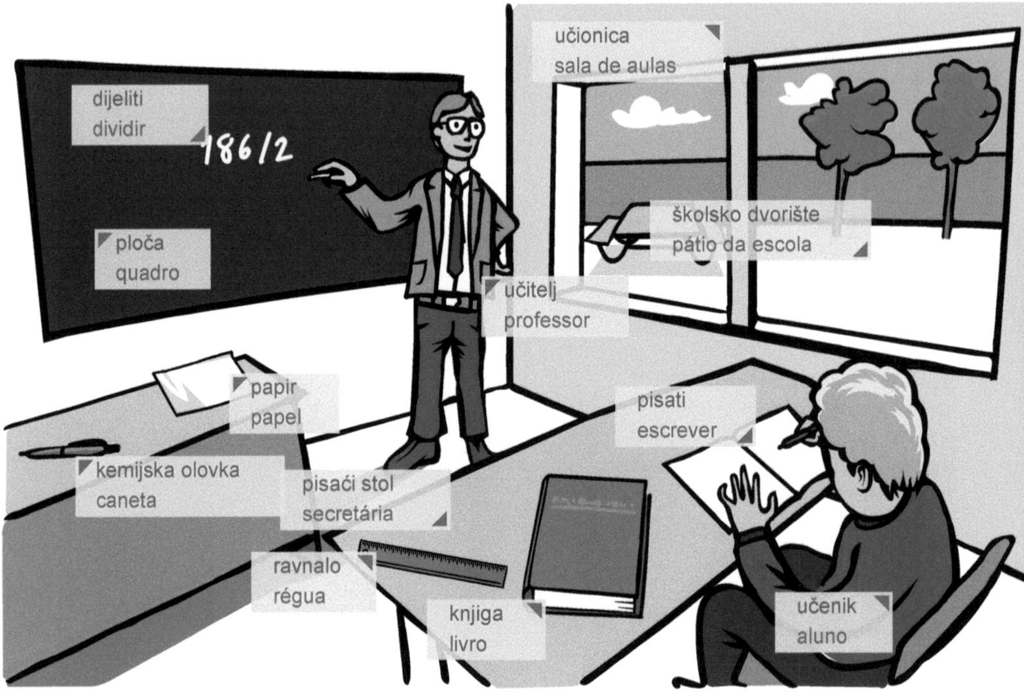

učionica
sala de aulas
dijeliti
dividir
186/2
ploča
quadro
školsko dvorište
pátio da escola
učitelj
professor
papir
papel
pisati
escrever
kemijska olovka
caneta
pisaći stol
secretária
ravnalo
régua
knjiga
livro
učenik
aluno

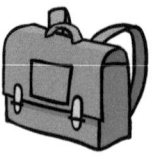

torba

mochila

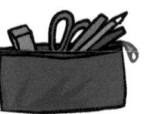

pernica

estojo de lápis

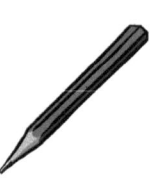

grafitna olovka

lápis

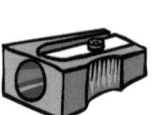

šiljilo za olovke

afia-lápis

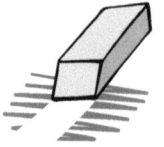

gumica za brisanje

borracha

blok za crtanje

bloco de desenho

crtež
desenho

kist
pincel

kutija s bojama
caixa de tintas

makaze
tesoura

ljepilo
cola

bilježnica
livro de exercícios

domaći zadatak
trabalhos de casa

broj
número

sabirati
somar

oduzimati
subtrair

množiti
multiplicar

računati
calcular

slovo
letra

abeceda
alfabeto

riječ
palavra

tekst

texto

čitati

ler

kreda

giz

sat

hora

dnevnik

registo de presenças

ispit

exame

svjedodžba

certificado

školska uniforma

uniforme escolar

obrazovanje

educação

leksikon

enciclopédia

sveučilište

universidade

mikroskop

microscópio

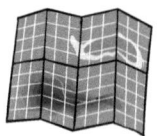

karta

mapa

košara za papir

cesto de lixo

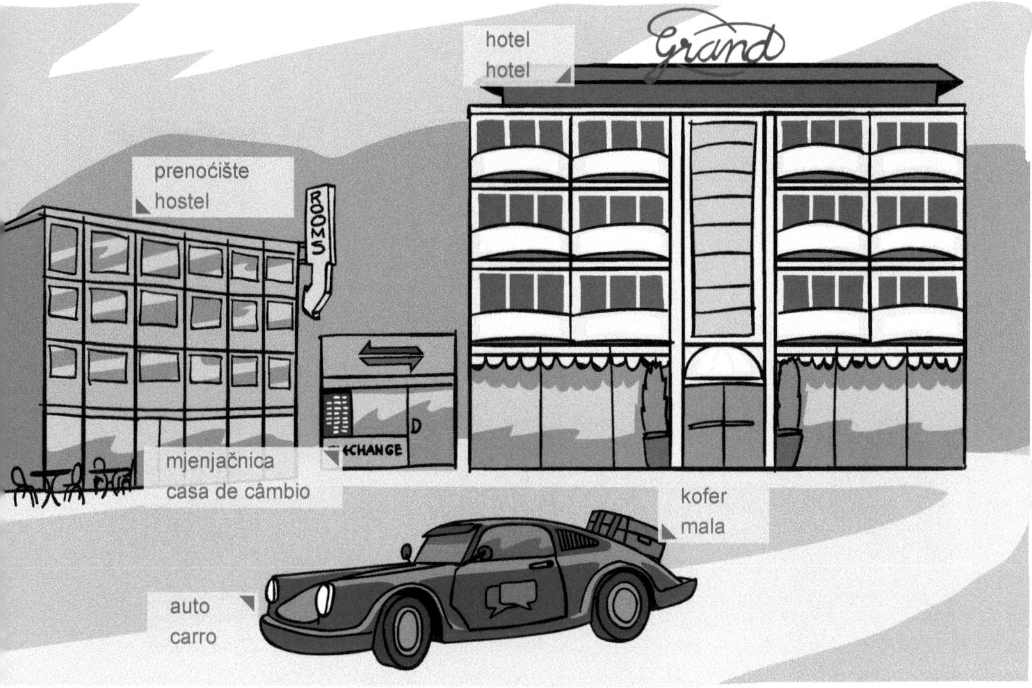

hotel
hotel
Grand
prenoćište
hostel
ROOMS
mjenjačnica
casa de câmbio
EXCHANGE
kofer
mala
auto
carro

jezik

idioma

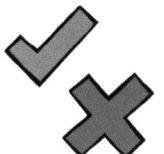

da / ne

sim / não

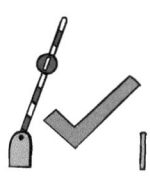

okay

ok / certo / correto

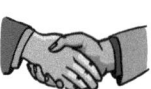

zdravo

olá

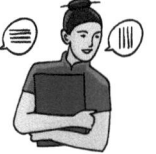

prevoditelj

intérprete

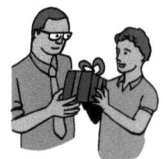

hvala

obrigado

Koliko košta...?

quanto é que custa... ?

ne razumijem

não entendo

problem

problema

dobro veče!

boa noite!

Dobro jutro!

Bom dia!

Laku noć!

Boa noite!

doviđenja

adeus

smjer

direção

prtljaga

bagagem

torba

saco

ruksak

mochila

gost

convidado

soba

quarto

vreća za spavanje

saco-cama

šator

tenda

turističke informacije

informação turística

plaža

praia

kreditna kartica

cartão de crédito

doručak

pequeno-almoço

ručak

almoço

večera

jantar

karta za vožnju

bilhete

dizalo

elevador

poštanska markica

selo postal

granica

fronteira

carina

alfândega

ambasada

embaixada

viza

visto

putovnica

passaporte

transport
transporte

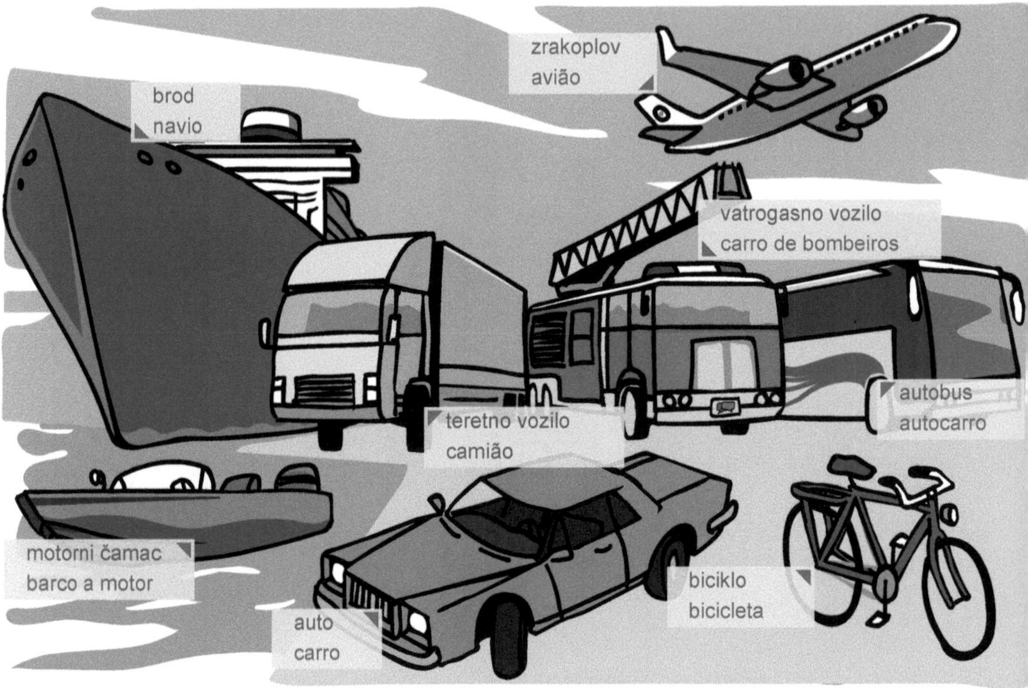
zrakoplov
avião
brod
navio
vatrogasno vozilo
carro de bombeiros
autobus
autocarro
teretno vozilo
camião
motorni čamac
barco a motor
biciklo
bicicleta
auto
carro

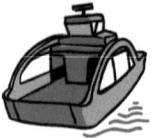

trajekt

cacilheiro

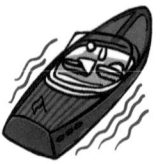

čamac

barco

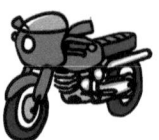

motocikl

mota

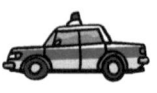

policijski auto

carro de polícia

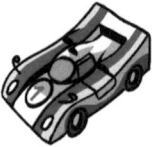

trkaći auto

carro de corrida

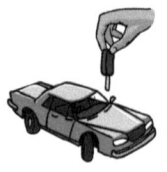

iznajmljeno auto

carro alugado

dijeljenje automobila

carsharing

vučno vozilo

camião de reboque

vozilo za odvoz smeća

camião do lixo

motor

motor

benzin

combustível

benzinska postaja

estação de serviço

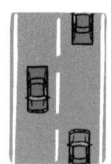

prometni znak

sinal de trânsito

promet

trânsito

zastoj

congestionamento de trânsito

parkiralište

parque de estacionamento

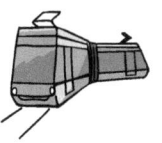

kolodvor

estação ferroviária

šine

carris

vlak

comboio

tramvaj

elétrico

vagon

carruagem

helikopter
helicóptero

zrakoplovna luka
aeroporto

toranj
torre

putnik
passageiro

kontejner
contentor

karton
caixa de papelão

kolica
carrinho

košara
cesto

uzletjeti / sletjeti
levantar voo / aterrar

grad
cidade

selo
aldeia

centar grada
centro da cidade

kuća
casa

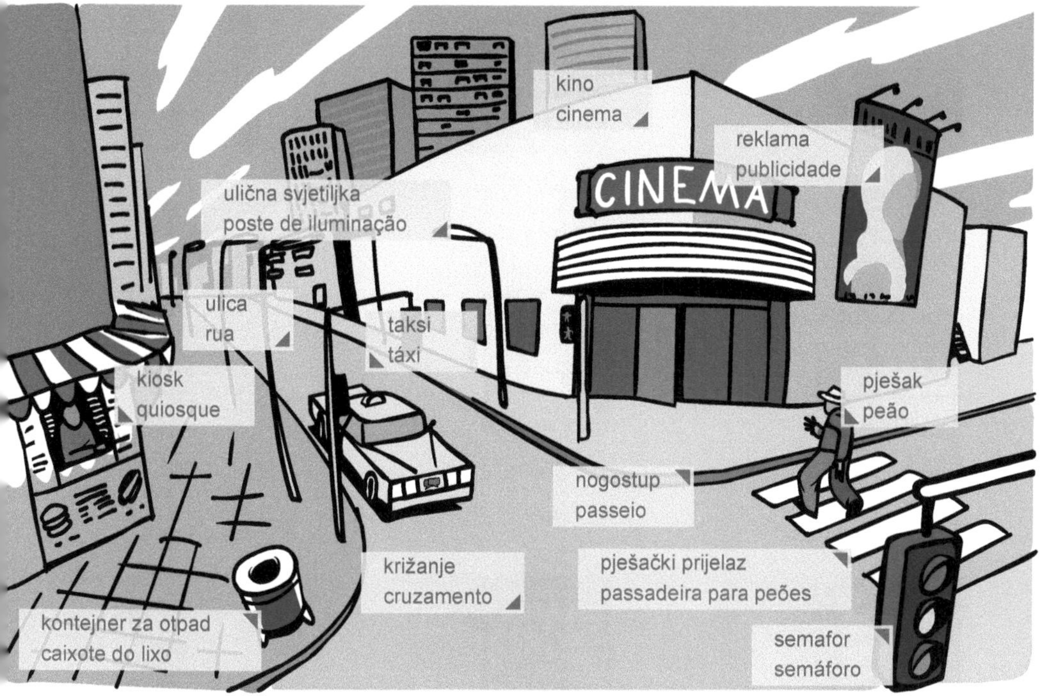

kino
cinema

reklama
publicidade

ulična svjetiljka
poste de iluminação

ulica
rua

taksi
táxi

pješak
peão

kiosk
quiosque

nogostup
passeio

križanje
cruzamento

pješački prijelaz
passadeira para peões

kontejner za otpad
caixote do lixo

semafor
semáforo

koliba
....
cabana

stan
....
apartamento

kolodvor
....
estação ferroviária

vijećnica
....
câmara municipal

muzej
....
museu

škola
....
escola

sveučilište

universidade

banka

banco

bolnica

hospital

hotel

hotel

ljekarna

farmácia

ured

escritório

knjižara

livraria

prodavaonica

loja

cvjećara

florista

supermarket

supermercado

trg

mercado

robna kuća

loja de departamentos

ribarnica

peixaria

trgovački centar

centro comercial

luka

porto

park
parque

klupa
banco

most
ponte

stepenice
escadas

podzemna željeznica
metro

tunel
túnel

autobusna stanica
paragem de autocarro

bar
bar

restoran
restaurante

poštansko sanduče
caixa de correio

ulični znak
sinal de trânsito

parkirni sat
parquímetro

zoološki vrt
jardim zoológico

bazen
piscina

džamija
mesquita

seosko gazdinstvo
quinta

zagađenje okoliša
poluição

groblje
cemitério

crkva
igreja

igralište
parque infantil

hram
templo

krajolik
paisagem

list
folha

putokaz
placa de sinalização

put
caminho

livada
prado

kamen
pedra

šetač
caminhantes

drvo
árvore

rijeka
rio

trava
relva

cvijet
flor

dolina

vale

planina

montanha

jezero

lago

šuma

floresta

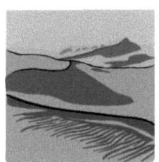

pustinja

deserto

vulkan

vulcão

dvorac

castelo

duga

arco-íris

gljiva

cogumelo

palma

palma

moskito

mosquito

muha

mosca

mrav

formiga

pčela

abelha

pauk

aranha

buba

besouro

žaba

sapo

vjeverica

esquilo

jež

ouriço

zec

lebre

sova

coruja

ptica

pássaro

labud

cisne

divlja svinja

javali

jelen

veado

los

alce

nasip

barragem

vjetrenjača

turbina eólica

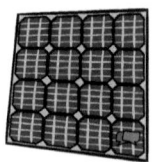

solarna ploča

painel solar

klima

clima

konobar
empregado de mesa

jelovnik
menu

stolica
cadeira

supa
sopa

pica
pizza

pribor za jelo
talheres

stolnjak
toalha de mesa

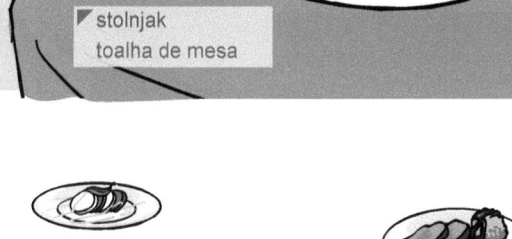

predjelo
entrada

glavno jelo
prato principal

desert
sobremesa

napitci
bebidas

jelo
comida

boca
garrafa

fastfood

fast food

imbis hrana

comida de rua

čajnik

bule de chá

doza za šećer

açucareiro

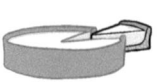

porcija

porção

aparat za espresso

máquina de café expresso

visoka stolica

cadeira alta

račun

conta

pladanj

bandeja

nož

faca

vilica

garfo

žlica

colher

čajna žlica

colher de chá

ubrus

guardanapo

čaša

copo

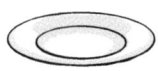

tanjur

prato

tanjur za supu

prato de sopa

tanjurić

pires

sos

molho

soljenka

saleiro

mlin za biber

moinho de pimenta

ocat

vinagre

ulje

óleo

začini

especiarias

kečap

ketchup

senf

mostarda

majoneza

maionese

supermarket
supermercado

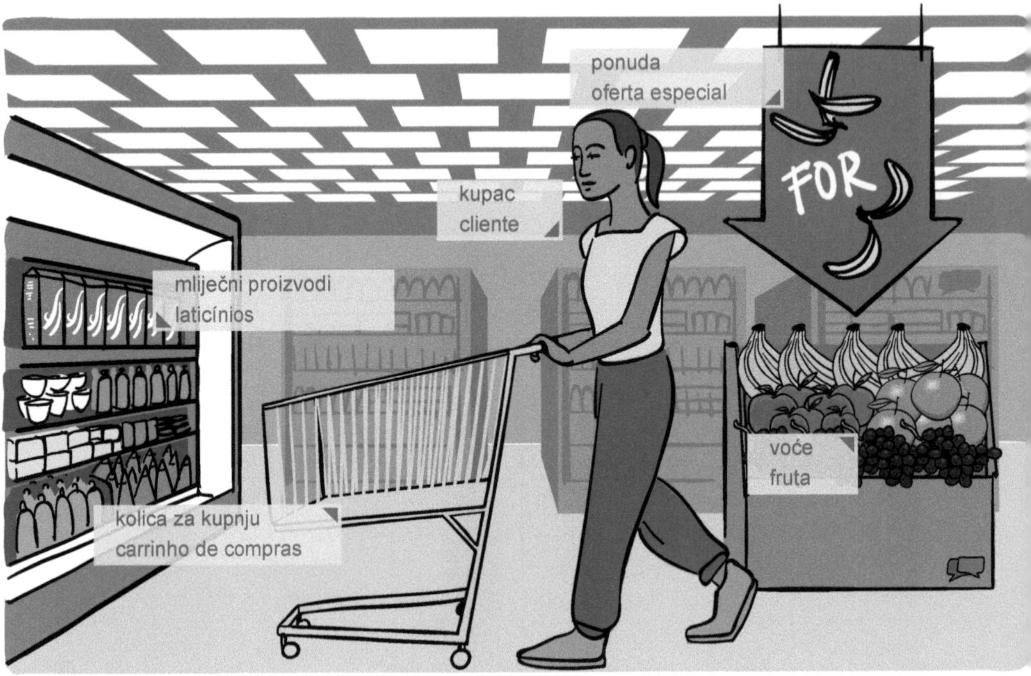

ponuda
oferta especial
FOR
kupac
cliente
mliječni proizvodi
laticínios
voće
fruta
kolica za kupnju
carrinho de compras

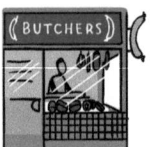

BUTCHERS

mesnica

talho

BAKERY

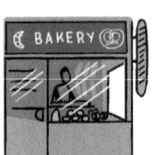

pekarnica

padaria

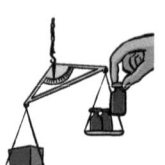

vagati

pesar

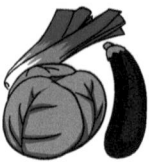

povrće

vegetais

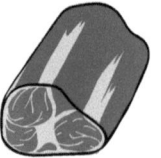

meso

carne

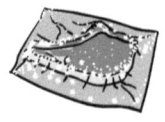

duboko smrznuta hrana

alimentos congelados

narezak

charcutaria

konzerve

comida enlatada

sredstvo za pranje

detergente em pó

slatkiši

doces

artikli za domaćinstvo

artigos domésticos

sredstva za čišćenje

produtos de limpeza

prodavačica

vendedora

blagajna

caixa

blagajnik

caixa

lista za kupnju

lista de compras

vrijeme rada

horário de funcionamento

novčanik

carteira

kreditna kartica

cartão de crédito

torba

saco

plastična vrećica

saco de plástico

voda

água

sok

sumo

mlijeko

leite

cola

coca-cola

vino

vinho

pivo

cerveja

alkohol

álcool

kakao

cacau

čaj

chá

kava

café

espresso

café expresso

cappuccino

capuccino

banana

banana

jabuka

maçã

naranča

laranja

lubenica

melão

limun

limão

mrkva

cenoura

češnjak

alho

bambus

bambu

luk

cebola

gljiva

cogumelo

orašasti plodovi

nozes

rezanci

talharim

špagete

esparguete

riža

arroz

salata

salada

pomfrit

batatas fritas

pečeni krumpir

batatas fritas

pica

pizza

hamburger

hambúrguer

sendvič

sanduíche

šnicla

bife panado

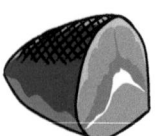

pršut

fiambre

salama

salame

kobasica

salsicha

kokoš

galinha

pečenje

assado

riba

peixe

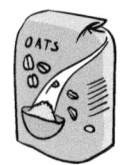

zobene pahuljice

flocos de aveia

musli

muesli

kukuruzne pahuljice

flocos de milho

brašno

farinha

roščić

croissant

pecivo

carcaça (pãozinho)

kruh

pão

toast

torrada

keksi

biscoitos

maslac

manteiga

svježi sir

requeijão

kolač

bolo

jaje

ovo

jaje na oko

ovo estrelado

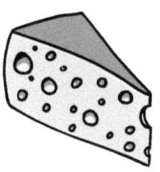

sir

queijo

sladoled

gelado

šećer

açúcar

med

mel

marmelada

compota

nugat krema

creme de nougat

curry

caril

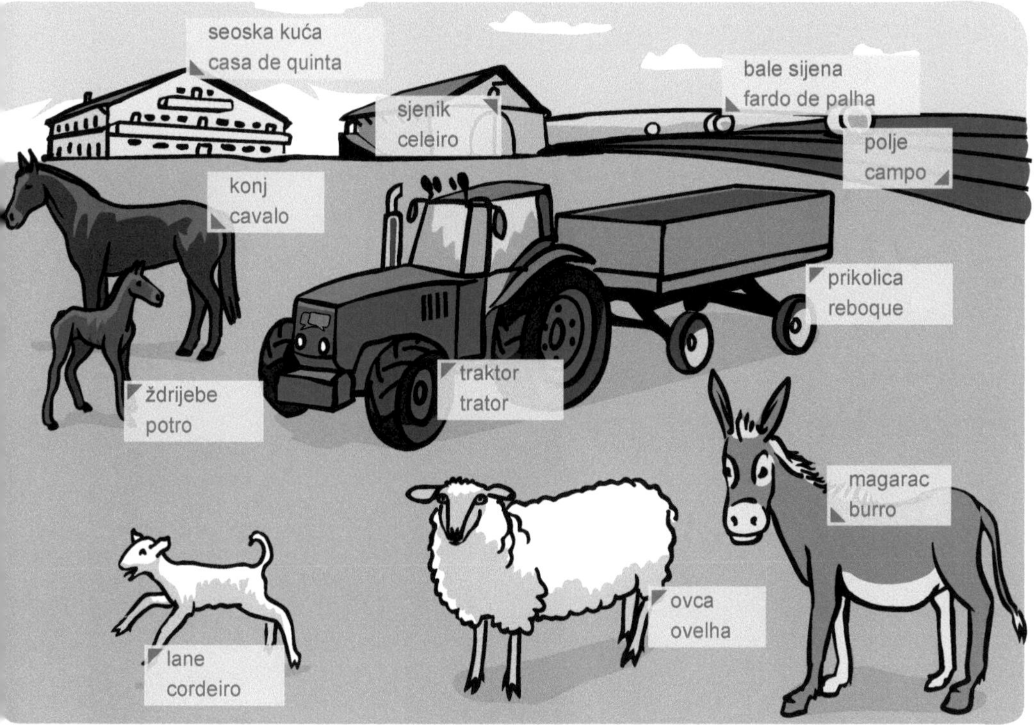

seoska kuća
casa de quinta

sjenik
celeiro

bale sijena
fardo de palha

polje
campo

konj
cavalo

prikolica
reboque

ždrijebe
potro

traktor
trator

magarac
burro

lane
cordeiro

ovca
ovelha

koza
cabra

krava
vaca

tele
bezerro

svinja
porco

prase
leitão

bik
touro

guska

ganso

patka

pato

pilići

pintaínho

kokoš

galinha

pijetao

galo

pacov

ratazana

mačka

gato

miš

rato

vol

boi

pas

cão

kućica za psa

casota

vrtno crijevo

mangueira de jardim

kanta za polijevanje

regador

kosa

foice

plug

arado

srp
foice

motika
enxada

vilica za gnojivo
forquilha

sjekira
machado

tačke
carrinho de mão

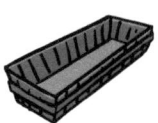

korito
manjedoura

posuda za mlijeko
jarro de leite

vreća
saco

ograda
cerca

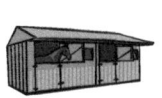

štala
estábulo

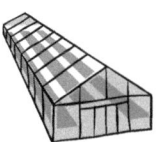

staklenik
estufa

zemlja
solo

sjeme
semente

gnojivo
fertilizante

kombajn
ceifeira-debulhadora

žanjati

colher

žetva

colheita

yams začin

inhame

pšenica

trigo

soja

soja

krumpir

batata

kukuruz

milho

uljana repica

colza

voćka

árvore de fruto

gomolj manioke

mandioca

žitarice

cereais

kuća

casa

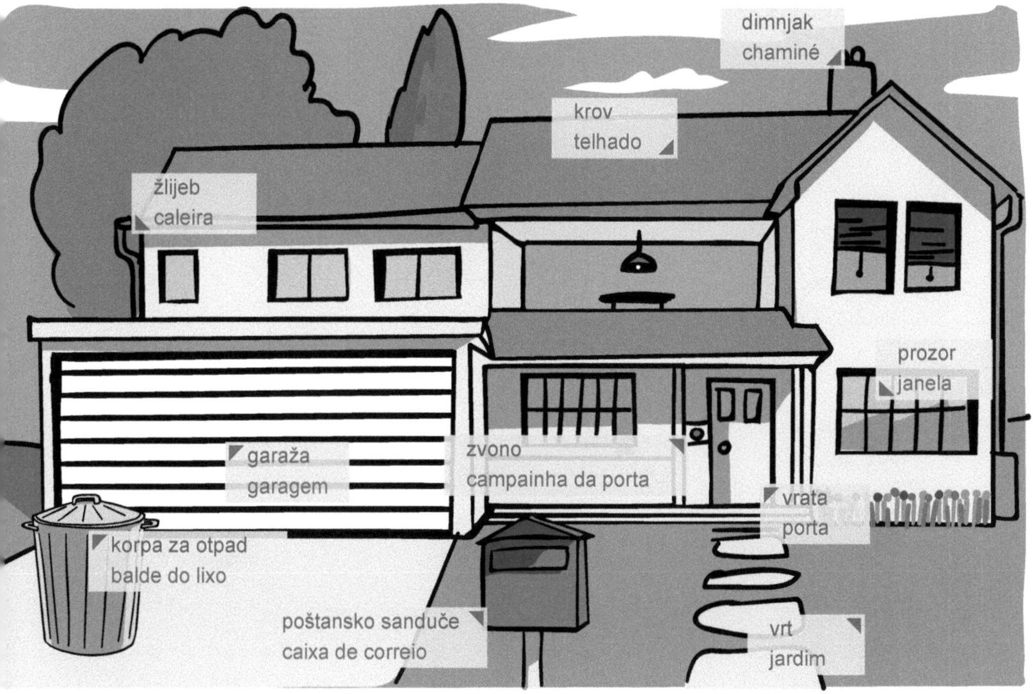
dimnjak
chaminé
krov
telhado
žlijeb
caleira
prozor
janela
garaža
garagem
zvono
campainha da porta
vrata
porta
korpa za otpad
balde do lixo
poštansko sandučе
caixa de correio
vrt
jardim

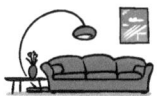

dnevna soba

sala de estar

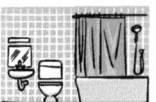

kupaonica

casa de banho

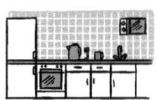

kuhinja

cozinha

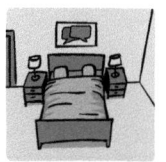

spavaća soba

quarto de dormir

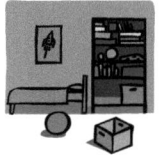

dječija soba

quarto de criança

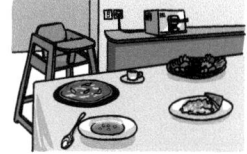

trpezarija

sala de jantar

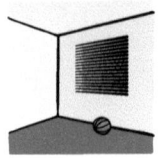

pod
chão

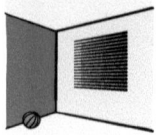

zid
parede

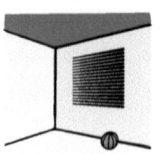

strop
teto

podrum
cave

sauna
sauna

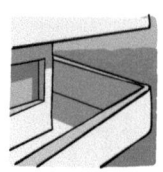

balkon
varanda

terasa
terraço

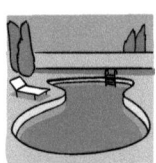

bazen
piscina

kosilica za travu
máquina de cortar relvado

posteljina za krevet
lençol

deka za krevet
cobertor

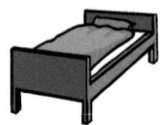

krevet
cama

metla
vassoura

kanta
balde

sklopka
interruptor

dnevna soba
sala de estar

tapeta
papel de parede
slika
imagem
svjetiljka
lâmpada
regal
prateleira
ormar
armário
televizija
televisão
kamin
lareira
cvijet
flor
jastuk
almofada
kauč
sofá
vaza
vaso
daljinski upravljač
controlo remoto

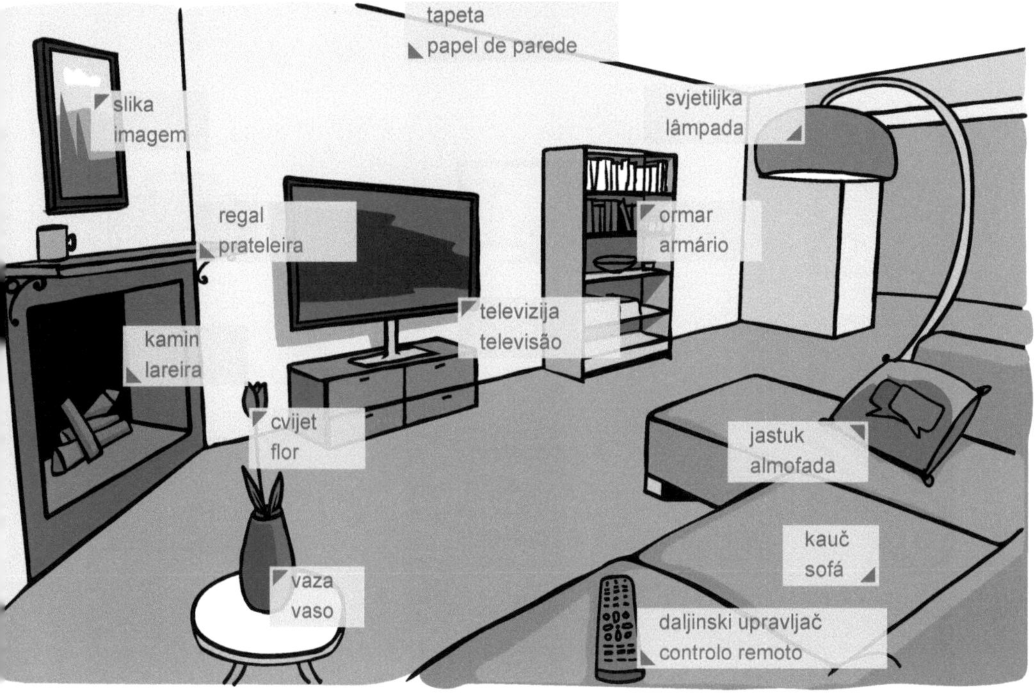

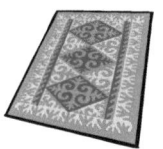

tepih

tapete

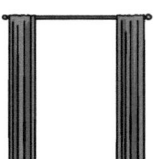

zavjesa

cortina

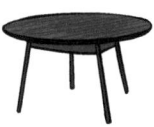

stol

mesa

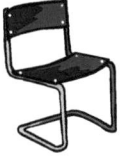

stolica

cadeira

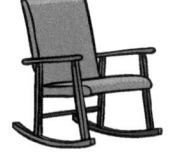

stolica za njihanje

cadeira de baloiço

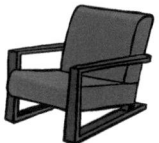

fotelja

poltrona

knjiga

livro

deka

cobertor

dekoracija

decoração

drvo za ogrjev

lenha

film

filme

stereo uređaj

sistema estéreo

ključ

chave

novine

jornal

slika na platnu

pintura

poster

póster

radio

rádio

blok za pisanje

bloco de notas

usisavač

aspirador

kaktus

cato

svijeća

vela

kuhinja
cozinha

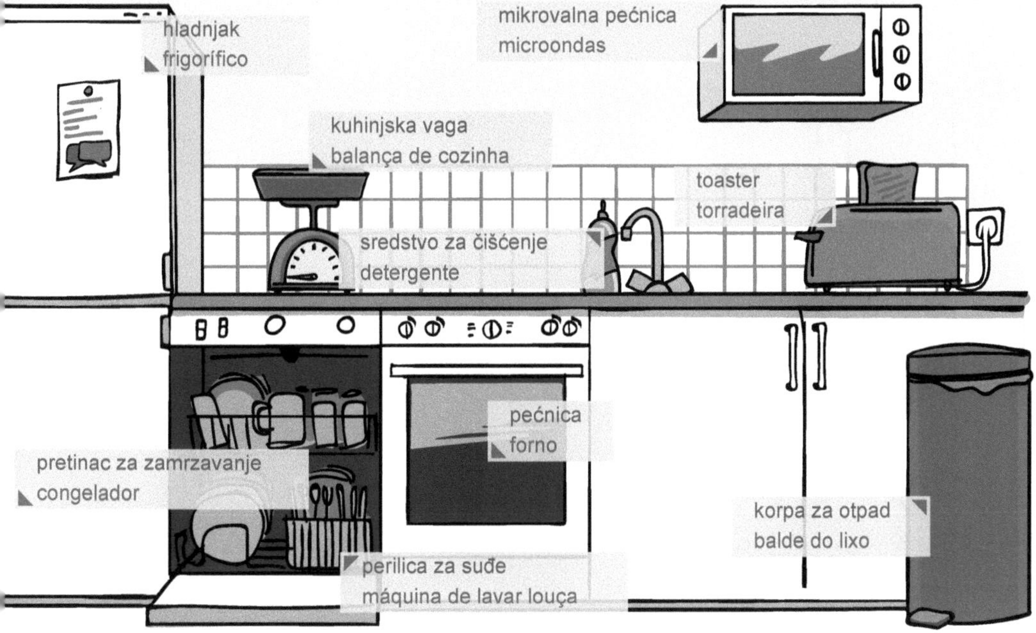
hladnjak
frigorífico
mikrovalna pećnica
microondas
kuhinjska vaga
balança de cozinha
toaster
torradeira
sredstvo za čišćenje
detergente
pećnica
forno
pretinac za zamrzavanje
congelador
korpa za otpad
balde do lixo
perilica za suđe
máquina de lavar louça

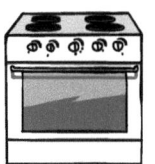

štednjak
fogão

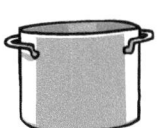

lonac
panela

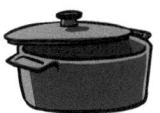

željezni lonac
panela de ferro

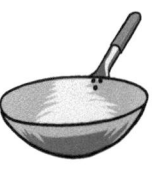

wok / kadai
wok / kadai

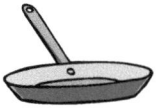

tava
frigideira

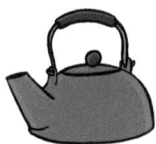

kuhalo za vodu
chaleira

kuhalo na paru

panela a vapor

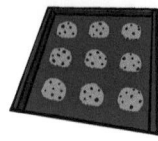

lim za pečenje

tabuleiro de forno

posuđe

louça

čaša

caneca

zdjela

tigela

štapići za jelo

pauzinhos

kutljača

concha de sopa

lopatica

espátula

pjenjača

batedor de claras

sito za kuhanje

escorredor

sito

peneira

ribež

ralador

mužar

almofariz

roštilj

churrasqueira

ognjište

lareira

daska

tábua de cortar

oklagija

rolo da massa

vadičep

saca-rolhas

konzerva

lata

otvarač konzervi

abridor de latas

krpa za lonac

luvas de forno

sudoper

lava-loiça

četka

escova

spužva

esponja

mikser

liquidificador

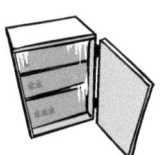

zamrzivač

arca frigorífica

bočica za bebe

biberão

slavina za vodu

torneira

kupaonica
casa de banho

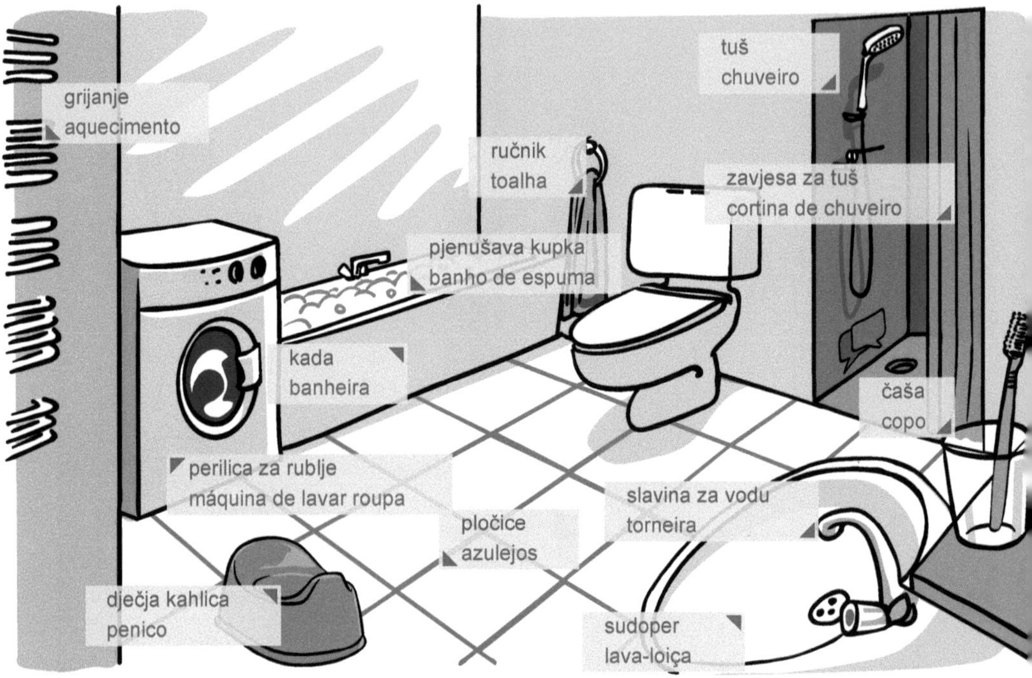

tuš
chuveiro
grijanje
aquecimento
ručnik
toalha
zavjesa za tuš
cortina de chuveiro
pjenušava kupka
banho de espuma
kada
banheira
čaša
copo
perilica za rublje
máquina de lavar roupa
slavina za vodu
torneira
pločice
azulejos
dječja kahlica
penico
sudoper
lava-loiça

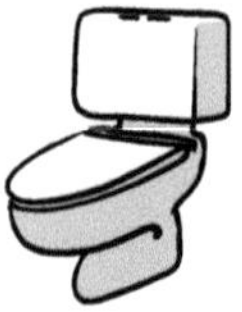

toalet
sanita

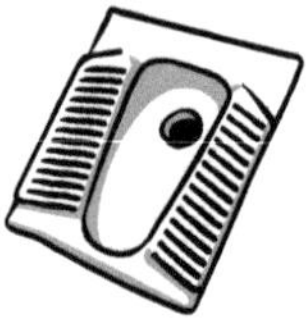

čučavac
retrete turca

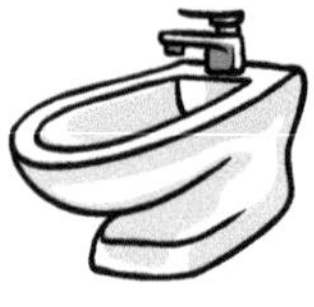

bidet
bidé

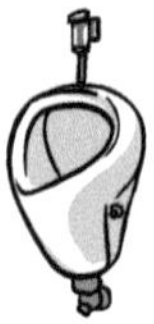

pisoar
urinol

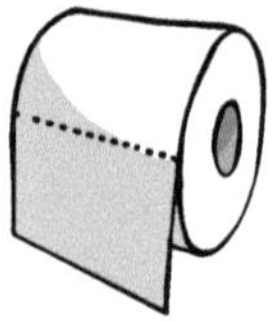

papir za toalet
papel higiénico

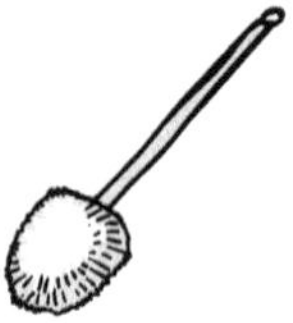

četka za toalet
piaçaba

četkica za zube

escova de dentes

pasta za zube

pasta de dentes

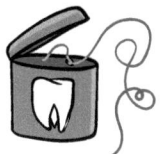

konac za zube

fio dentário

prati

lavar

tuš ručica

chuveiro de mão

tuš za pranje intimnih dijelova

duche íntimo

lavor

bacia

četka za pranje leđa

escova para as costas

sapun

sabonete

gel za tuširanje

gel de banho

šampon

champô

krpa za pranje

toalha de rosto

odvod

escoamento

krema

creme

dezodorans

desodorizante

ogledalo

espelho

kozmetičko ogledalo

espelho de mão

brijač

máquina de barbear

pjena za brijanje

creme de barbear

losion za poslije brijanja

loção pós-barba

češalj

pente

četka

escova

sušilo za kosu

secador de cabelo

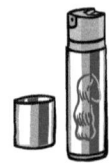

sprej za kosu

spray de cabelo

makeup

maquilhagem

ruž za usne

batom

lak za nokte

verniz de unhas

vata

algodão

škare za nokte

tesoura para unhas

parfem

perfume

neseser

nécessaire

stolica

tamborete

vaga

balança

ogrtač

roupão de banho

rukavice za čišćenje

luvas de borracha

tampon

tampão

uložak

penso higiénico

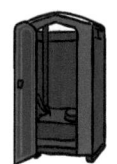

kemijski toalet

WC químico

dječija soba

quarto de criança

budilnik
despertador
plišana igračka
peluche
auto igračka
carro de brincar
zvečka
chocalho
kućica za lutke
casa de bonecas
poklon
presente

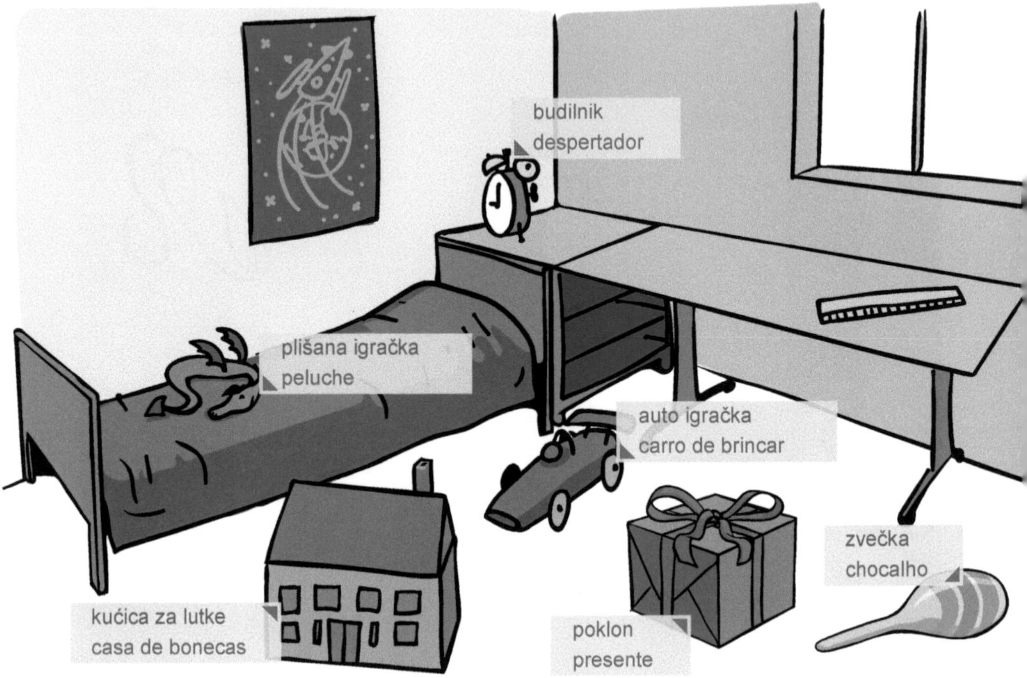

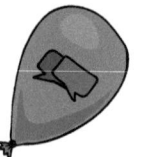

balon

balão

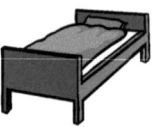

krevet

cama

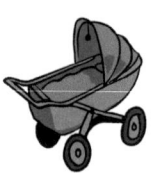

dječija kolica

carrinho de bebé

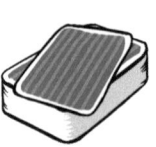

igra s kartama

jogo de cartas

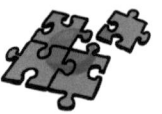

slagalica

quebra-cabeças

SUPER MEGA

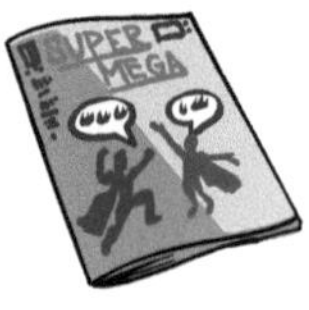

strip

banda desenhada

lego kockice

peças de Lego

kockice za slaganje

blocos de construção

akcioni junak

figura de ação

kombinezon za bebe

fato de bebé

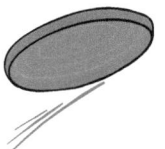

frizbi

Frisbee

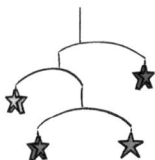

viseće igračke

móbile para bebé

društvene igre

jogo de tabuleiro

kocka

dados

minijaturna željeznica

pista de comboio elétrico

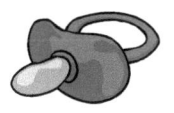

duda

chupeta

tulum

festa

slikovnica

livro ilustrado

lopta

bola

lutka

boneca

igrati

jogar

pješčanik

caixa de areia

ljuljačka

baloiço

igračka

brinquedos

konzola za igre

consola de jogos

tricikl

triciclo

plišani medo

ursinho de peluche

ormar

guarda-roupa

odjeća

vestuário

kratke čarape

meias

čarape

meias pelo joelho

hulahopke

meias-calças

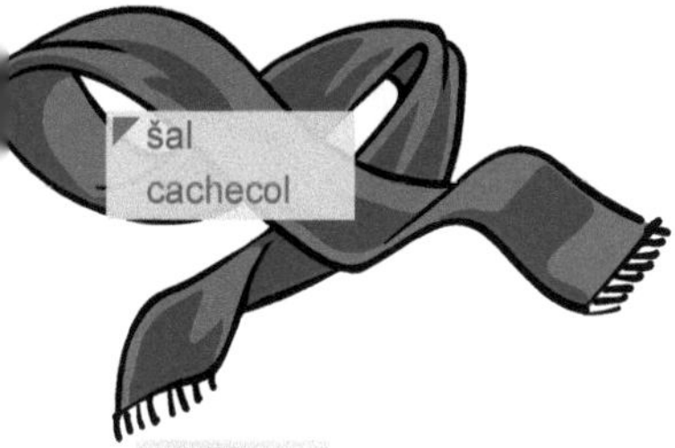

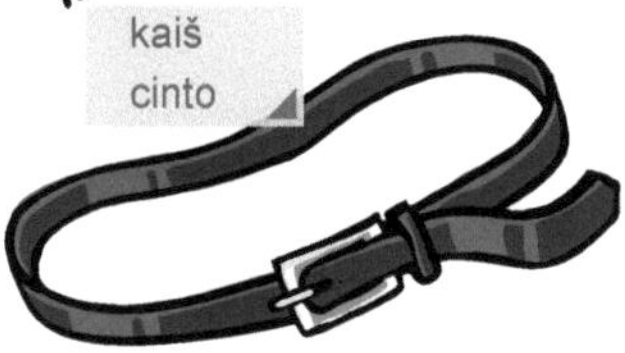

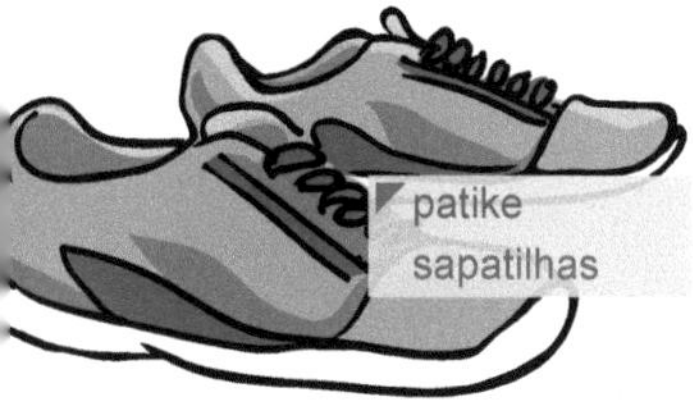

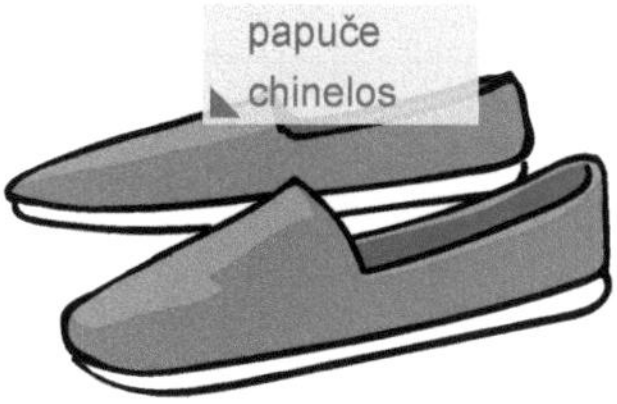

šal
cachecol

kišobran
guarda-chuva

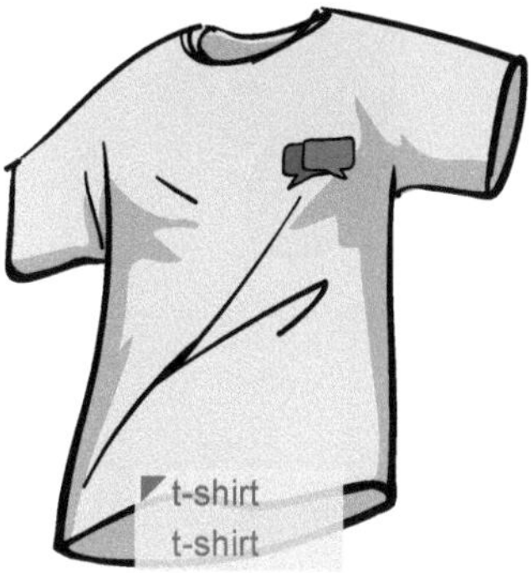

kaiš
cinto

t-shirt
t-shirt

čizme
botas

papuče
chinelos

patike
sapatilhas

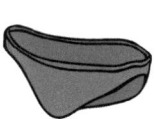

sandale
....
sandálias

cipele
....
sapatos

gumene čizme
....
botas de borracha

gaćice
....
cuecas

grudnjak
....
sutiã

potkošulja
....
camisola interior

odjeća - vestuário

45

bodi
body

hlače
calças

džins
calças de ganga

haljina
saia

bluza
blusa

košulja
camisa

džemper
pulôver

pulover s kapuljačom
camisola com capuz

blejzer
blazer

jakna
casaco

kaput
manto

kabanica
gabardina

kostim
traje

haljina
vestido

vjenčanica
vestido de casamento

odijelo

fato

spavaćica

camisa de dormir

pidžama

pijama

sari

sari

rubac

lenço de cabeça

turban

turbante

burka

burca

kaftan

cafetã

abaja

abaya

kupaći kostim

fato de banho

kupaće gaćice

calções de banho

kratke hlače

calções

odjeća za trening

fato de treino

pregača

avental

rukavice

luvas

gumb

botão

naočale

óculos

narukvica

pulseira

ogrlica

colar

prsten

anel

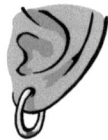

naušnica

brinco

kapa

boné

vješalica

cabide

šešir

chapéu

kravata

gravata

patent zatvarač

fecho de correr

kaciga

capacete

naramenice

suspensórios

školska uniforma

uniforme escolar

uniforma

uniforme

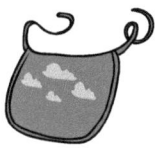

podbradak

babete

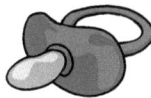

duda

chupeta

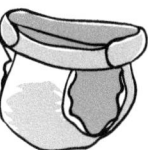

pelena

fralda

ured

escritório

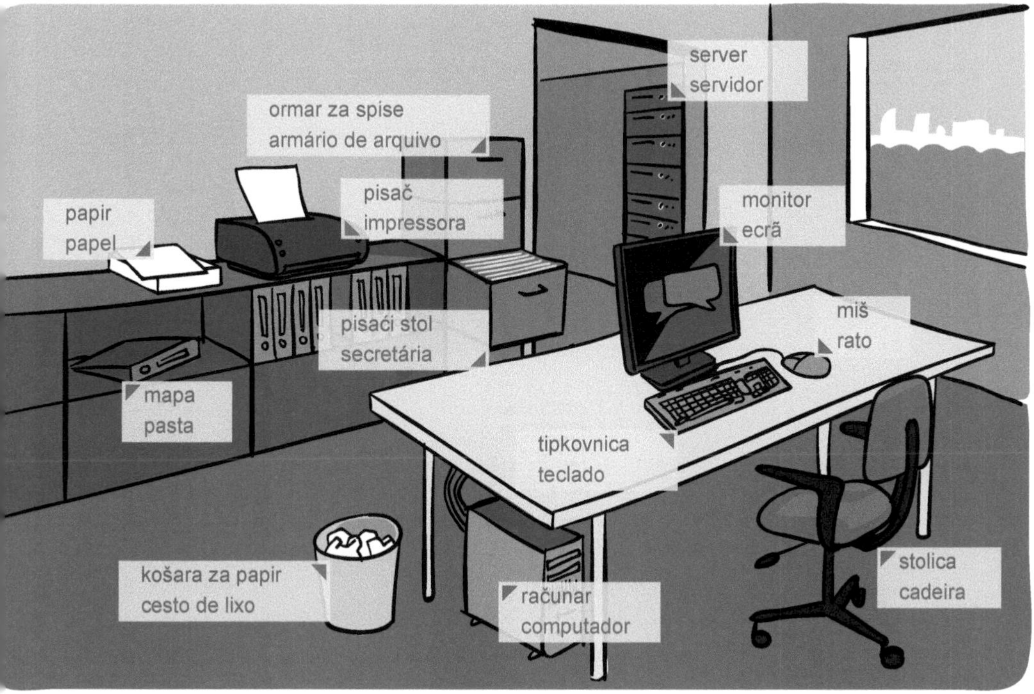
server
servidor
ormar za spise
armário de arquivo
papir
papel
pisač
impressora
monitor
ecrã
pisaći stol
secretária
miš
rato
mapa
pasta
tipkovnica
teclado
košara za papir
cesto de lixo
računar
computador
stolica
cadeira

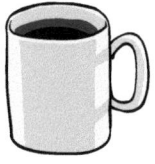

šalica za kavu

caneca de café

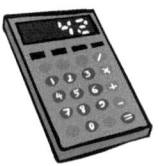

kalkulator

calculadora

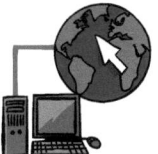

internet

internet

laptop

computador portátil

pismo

carta

poruka

mensagem

mobilni telefon

telemóvel

mreža

rede

uređaj za kopiranje

fotocopiadora

softver

software

telefon

telefone

utičnica

tomada elétrica

faks

fax

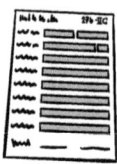

obrazac

formulário

dokument

documento

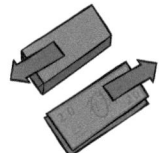

kupovati

comprar

platiti

pagar

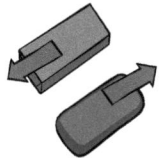

trgovati

negociar

novac

dinheiro

dolar

dólar

euro

euro

jen

yen

rubalj

rublo

švicarski franak

franco suíço

renmindbi yuan

renminbi yuan

rupija

rupia

automat za novac

caixa de multibanco

mjenjačnica

casa de câmbio

zlato

ouro

srebro

prata

nafta

petróleo

energija

energia

cijena

preço

ugovor

contrato

porez

imposto

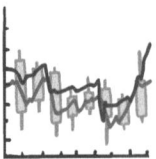

dionica

ação

raditi

trabalhar

službenik

empregado

poslodavac

entidade patronal

tvornica

fábrica

prodavaonica

loja

policajac
agente da polícia

vatrogasac
bombeiro

kuhar
cozinheiro

liječnik
médico

pilot
piloto

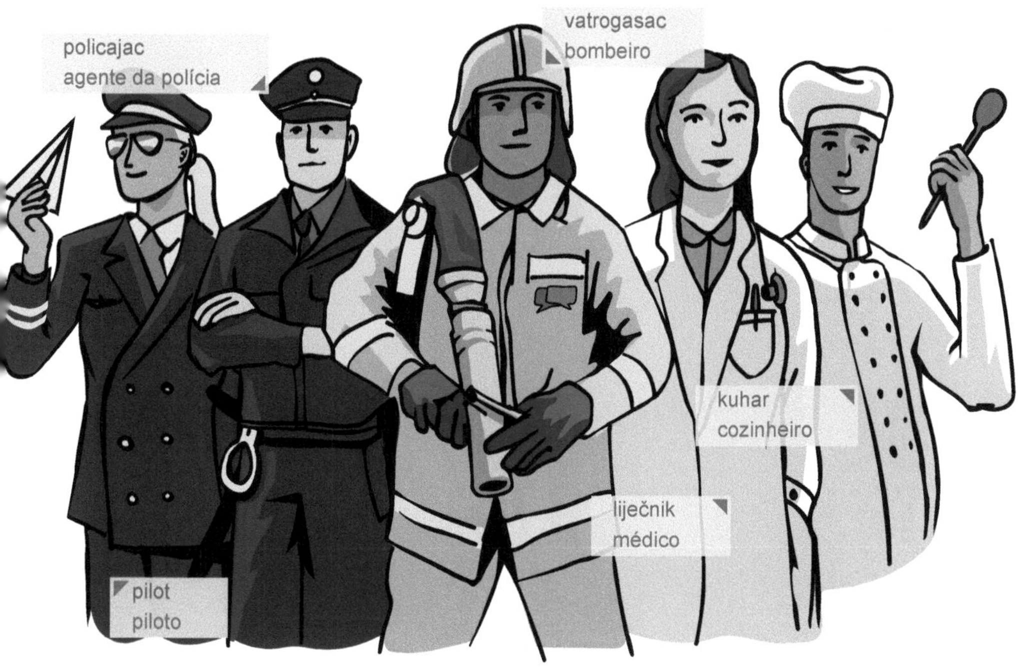

vrtlar
jardineiro

stolar
carpinteiro

krojačica
costureira

sudija
juiz

kemičar
químico

glumac
ator

vozač autobusa

motorista de autocarro

vozač taksija

motorista de táxi

ribar

pescador

čistačica

empregada de limpeza

krovopokrivač

telhador

konobar

empregado de mesa

lovac

caçador

slikar

pintor

pekar

padeiro

električar

eletricista

građevinski radnik

construtor

inženjer

engenheiro

mesar

talhante

limar

canalizador

poštar

carteiro

vojnik

soldado

arhitekta

arquiteto

blagajnik

caixa

cvjećar

florista

frizer

cabeleireiro

kondukter

controlador de bilhetes

mehaničar

mecânico

kapetan

capitão

zubar

dentista

znanstvenik

cientista

rabi

rabino

imam

imã

monah

monge

svećenik

pastor

alati
ferramentas

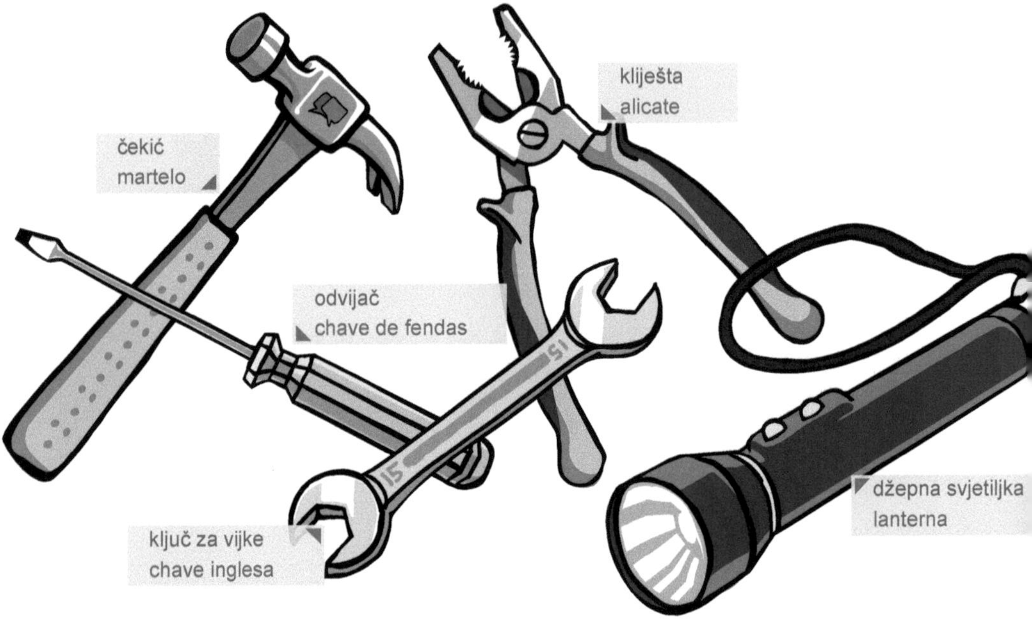

čekić
martelo
kliješta
alicate
odvijač
chave de fendas
ključ za vijke
chave inglesa
džepna svjetiljka
lanterna

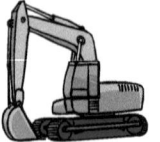

rovokopač

escavadora

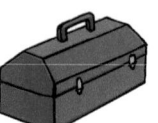

kutija za alat

caixa de ferramentas

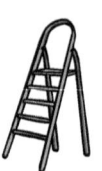

ljestve

escadote

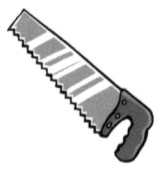

pila

serra

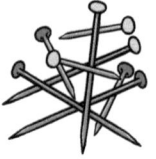

ekser

pregos

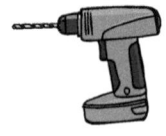

bušilica

broca

popraviti

reparar

lopata

pá

Sranje!

porcaria!

lopatica

pá de lixo

lonac za boju

pote de tinta

vijci

parafusos

glazbeni instrument
instrumentos musicais

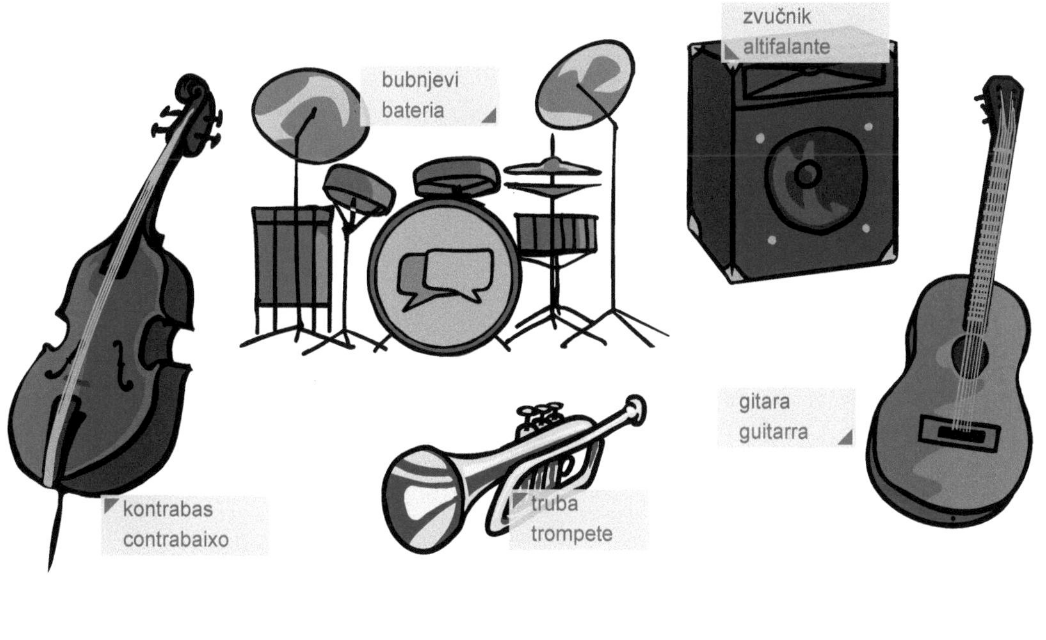

zvučnik
altifalante

bubnjevi
bateria

gitara
guitarra

kontrabas
contrabaixo

truba
trompete

klavir

piano

violina

violino

bas

baixo

timpani

timbales

udaraljke za bubnjeve

tambor

keyboard

teclado

saksofon

saxofone

flauta

flauta

mikrofon

microfone

glazbeni instrument - instrumentos musicais

zoološki vrt
jardim zoológico

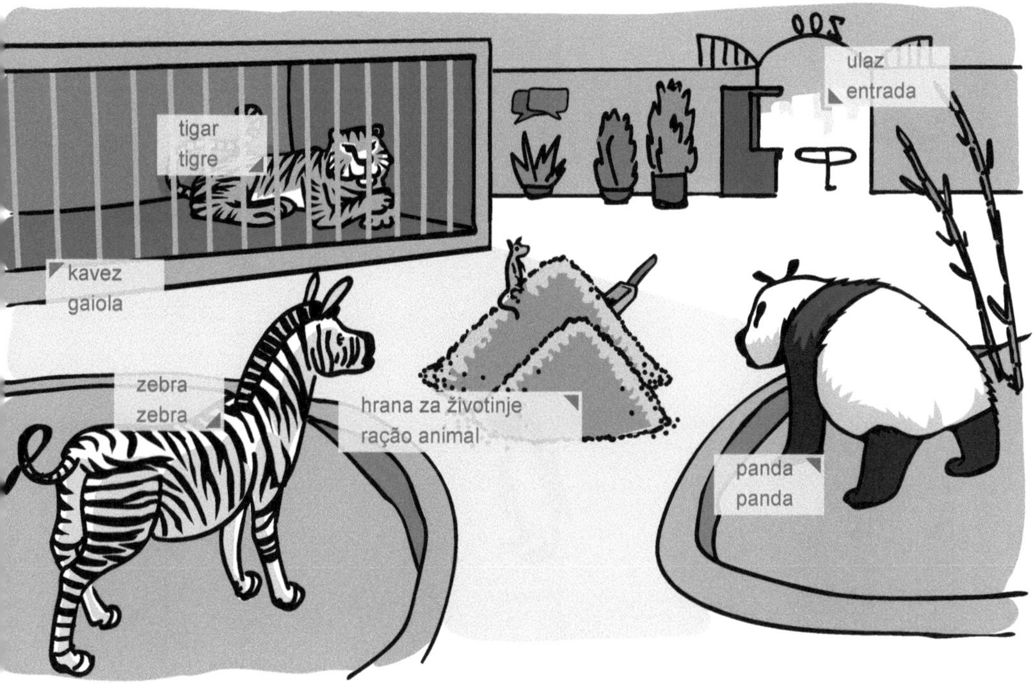
zoo
ulaz
entrada
tigar
tigre
kavez
gaiola
zebra
zebra
hrana za životinje
ração animal
panda
panda

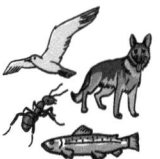

životinje

animais

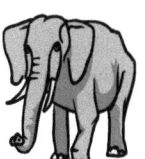

slon

elefante

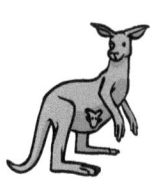

kengur

canguru

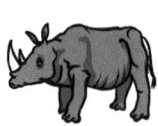

nosorog

rinoceronte

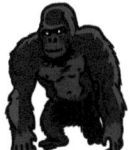

gorila

gorila

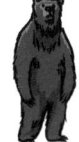

medvjed

urso

kamila

camelo

noj

avestruz

lav

leão

majmun

macaco

flamingo

flamingo

papagaj

papagaio

polarni medvjed

urso polar

pingvin

pinguim

ajkula

tubarão

paun

pavão

zmija

cobra

krokodil

crocodilo

čuvar u zoološkom vrtu

guarda do jardim zoológico

tuljan

foca

jaguar

jaguar

poni
pónei

leopard
leopardo

nilski konj
hipopótamo

žirafa
girafa

orao
águia

divlja svinja
javali

riba
peixe

kornjača
tartaruga

morž
morsa

lisica
raposa

gazela
gazela

američki nogomet
futebol americano

biciklizam
ciclismo

tenis
ténis

košarka
basquetebol

plivanje
natação

boks
boxe

hockey na ledu
hóquei no gelo

nogomet
futebol

badminton
badminton

atletika
atletismo

rukomet
andebol

skijanje
esqui

polo
polo

aktivnosti
atividades

smijati se
rir
skočiti
saltar
zagrliti
abraçar
ići
andar
pjevati
cantar
sanjati
sonhar
moliti se
rezar
poljubiti
beijar

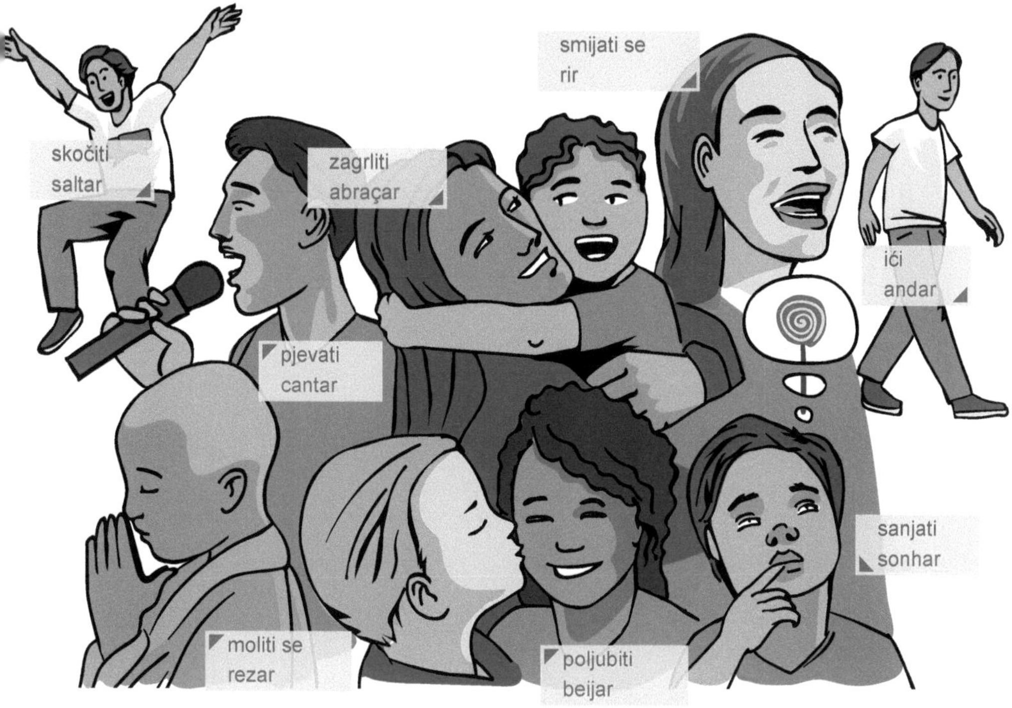

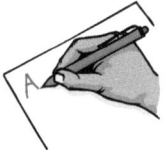

pisati

escrever

crtati

desenhar

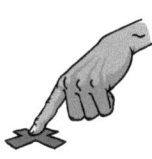

pokazati

mostrar

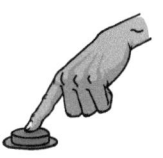

gurati

empurrar

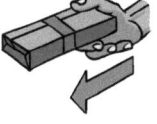

dati

dar

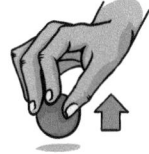

uzeti

tomar

imati
ter

činiti
fazer

biti
ser

stojati
ficar de pé

trčati
correr

povlačiti
puxar

baciti
remessar

padati
cair

ležati
deitar

čekati
esperar

nositi
carregar

sjediti
sentar

oblačiti
vestir

spavati
dormir

probuditi se
acordar

aktivnosti - atividades

gledati

olhar para

plakati

chorar

milovati

acariciar

češljati

pentear

govoriti

falar

razumjeti

compreender

pitati

perguntar

slušati

ouvir

piti

beber

jesti

comer

pospremiti

arrumar

voljeti

amar

kuhati

cozinhar

voziti

conduzir

letjeti

voar

ploviti
velejar

računati
calcular

čitati
ler

učiti
aprender

raditi
trabalhar

vjenčati se
casar

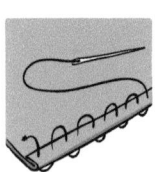

šiti
costurar

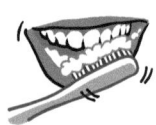

prati zube
escovar os dentes

ubiti
matar

pušiti
fumar

poslati
enviar

baka
avó

djed
avô

otac
pai

majka
mãe

beba
bebé

kćerka
filha

sin
filho

gost

convidado

tetka

tia

ujak, stric

tio

brat

irmão

sestra

irmã

tijelo

corpo

čelo
testa
oko
olho
rame
ombro
prst
dedo
lice
cara
brada
queixo
ruka
mão
noga
perna
grudi
peito
ruka
braço

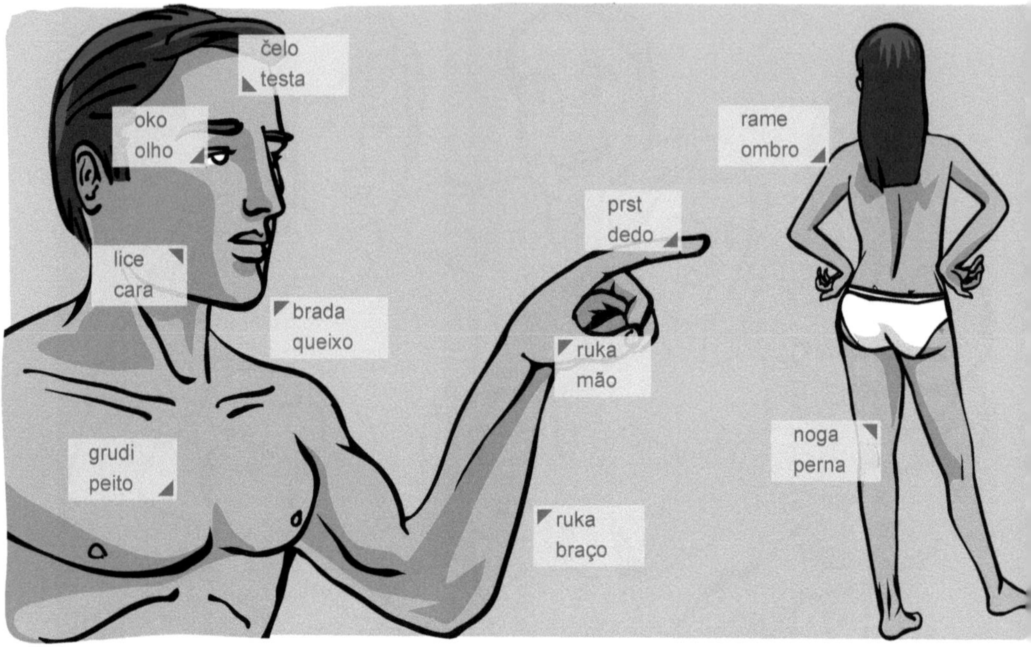

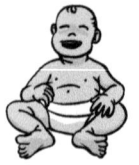

beba
bebé

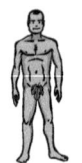

muškarac
homem

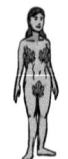

žena
mulher

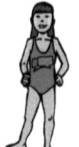

djevojčica
menina

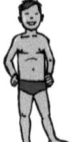

dječak
menino

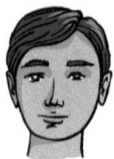

glava
cabeça

leđa
costas

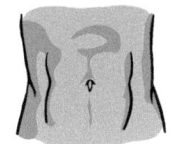

trbuh
barriga

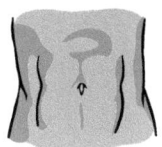

pupak
umbigo

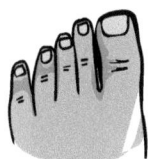

nožni prst
dedo do pé

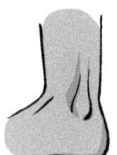

peta
calcanhar

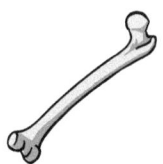

kost
osso

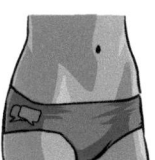

kuk
anca

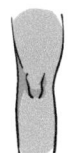

koljeno
joelho

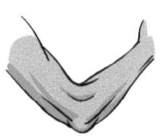

lakat
cotovelo

nos
nariz

stražnjica
nádegas

koža
pele

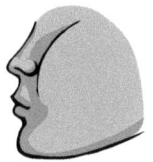

obraz
bochecha

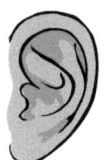

uho
orelha

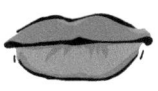

usna
lábio

usta
boca

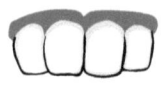

zub
dente

jezik
língua

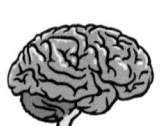

mozak
cérebro

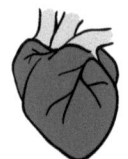

srce
coração

mišić
músculo

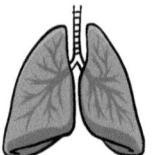

pluća
pulmão

jetra
fígado

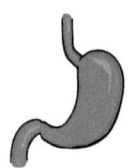

želudac
estômago

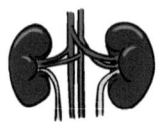

bubrezi
rins

snošaj
relações sexuais

kondom
preservativo

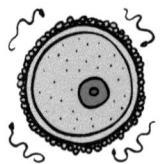

jajna stanica
óvulo

sperma
esperma

trudnoća
gravidez

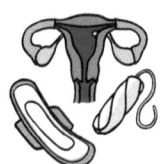

menstruacija
....
menstruação

vagina
....
vagina

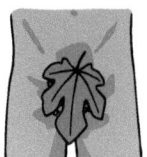

penis
....
pénis

obrva
....
sobrancelha

kosa
....
cabelo

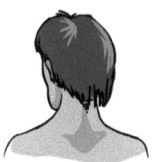

vrat
....
pescoço

bolnica
hospital

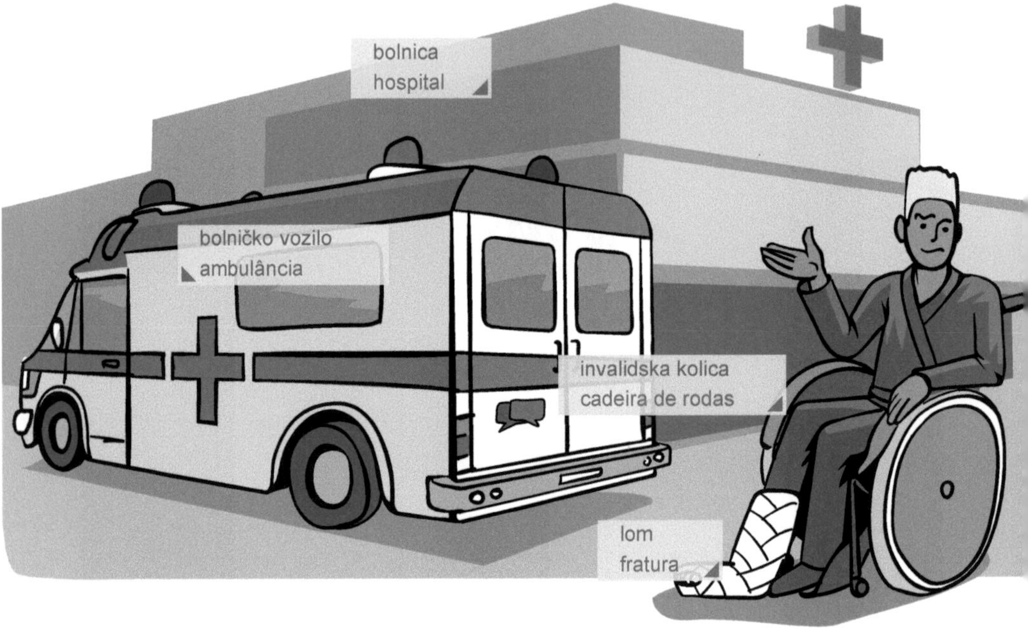

bolnica
hospital
bolničko vozilo
ambulância
invalidska kolica
cadeira de rodas
lom
fratura

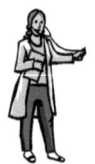

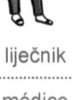

liječnik

médico

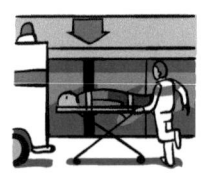

hitna medicinska služba

serviço de urgências

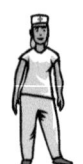

medicinska sestra

enfermeira

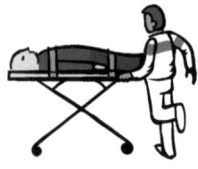

hitni slučaj

emergência

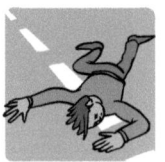

nesvijest

inconsciente

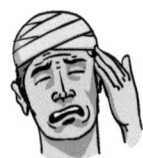

bol

dor

ozljeda

ferimento

krvarenje

hemorragia

srćani infarkt

ataque cardíaco

možadani udar

acidente vascular cerebral

alergija

alergia

kašalj

tosse

groznica

febre

gripa

gripe

proljev

diarreia

glavobolja

dor de cabeça

rak

cancro

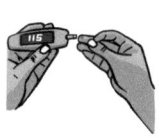

dijabetes

diabetes

kirurg

cirurgião

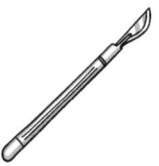

skalpel

bisturi

operacija

operação

ct
CT

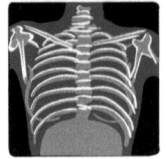

rentgen
raio x

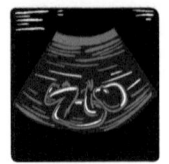

ultrazvuk
ultrassom

maska
máscara

bolest
doença

čekaonica
sala de espera

štaka
muleta

flaster
penso rápido

zavoj
ligadura

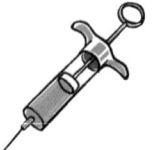

injekcija
injeção

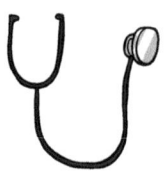

stetoskop
estetoscópio

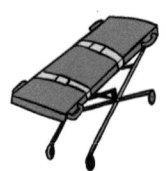

nosilo
maca

termometar
termómetro

rođenje
nascimento

prekomjerna težina
excesso de peso

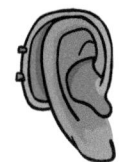

slušni aparat

aparelho auditivo

sredstvo za dezinfekciju

desinfetante

infekcija

infeção

virus

vírus

hiv / sida

HIV / SIDA

medicina

medicamento

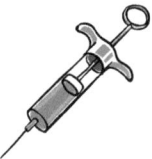

vakcinacija

vacinação

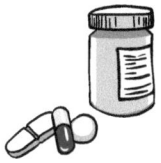

tablete

comprimidos

pilula

pílula

poziv u pomoć

chamada de emergência

uređaj za mjerenje tlaka

dispositivo de medição de
pressão arterial

bolesno / zdravo

doente / saudável

pomoć!

Socorro!

alarm

alarme

nasrtaj

assalto

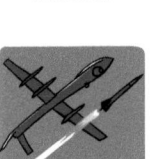

napad

ataque

opasnost

perigo

izlaz za nuždu

saída de emergência

požar!

Fogo!

vatrogasni aparat

extintor de incêndios

nezgoda

acidente

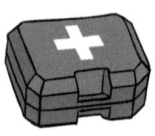

kofer prve pomoći

estojo de primeiros socorros

sos

SOS

policija

polícia

Europa

Europa

sjeverna amerika

América do Norte

južna amerika

América do Sul

Afrika

África

Azija

Ásia

Australija

Austrália

Atlantik

Atlântico

Pacifik

Pacífico

ocean

Oceano Índico

antarktički ocean

Oceano Antártico

arktički ocean

Oceano Ártico

sjeverni pol

Polo Norte

južni pol

Polo Sul

Antarktik

Antártica

zemlja

terra

zemlja

país

more

mar

otok

ilha

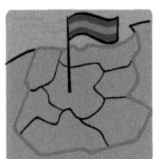

nacija

nação

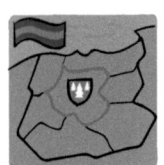

država

estado

brojčanik sata

mostrador do relógio

satna kazaljka

ponteiro das horas

minutna kazaljka

ponteiro dos minutos

sekundna kazaljka

ponteiro dos segundos

Koliko je sati?

Que horas são?

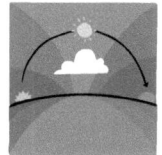

dan

dia

vrijeme

tempo

sada

agora

digitalni sat

relógio digital

minuta

minuto

sat

hora

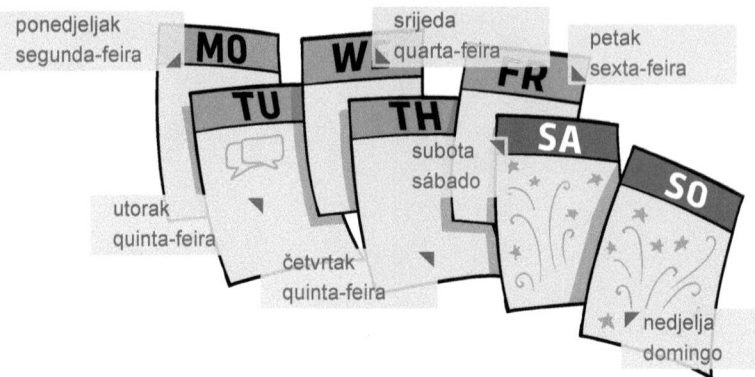

ponedjeljak
segunda-feira

srijeda
quarta-feira

petak
sexta-feira

utorak
quinta-feira

subota
sábado

četvrtak
quinta-feira

nedjelja
domingo

jučer

ontem

danas

hoje

sutra

amanhã

jutro

manhã

podne

meio-dia

večer

entardecer

radni dani

dias úteis

vikend

fim de semana

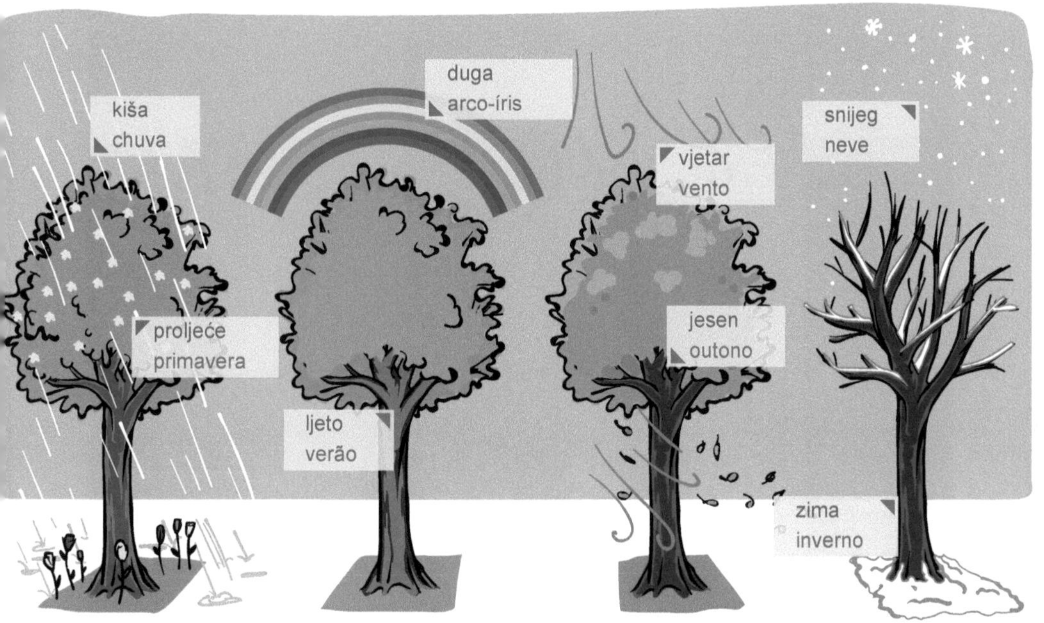

kiša
chuva
duga
arco-íris
vjetar
vento
snijeg
neve
proljeće
primavera
ljeto
verão
jesen
outono
zima
inverno

4.APRIL 11°
5.APRIL 4°
6.APRIL 13°
7.APRIL 8°
8.APRIL 10°

meteorološka prognoza

previsão do tempo

F C
120 40
90 30
60 20
30 10
0 0
-30 -10
-20

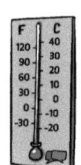

termometar

termómetro

sunčana svjetlost

raios de sol

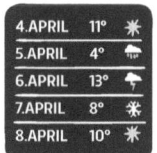

oblak

nuvem

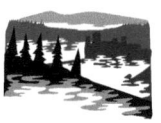

magla

neblina / nevoeiro

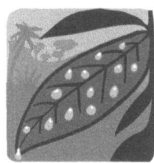

vlažnost zraka

humidade do ar

munja

relâmpago

grmljavina

trovão

oluja

tempestade

tuča

granizo

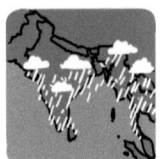

monsun

monção

poplava

inundação

led

gelo

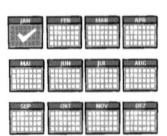

siječanj

janeiro

veljača

fevereiro

ožujak

março

travanj

abril

svibanj

maio

lipanj

junho

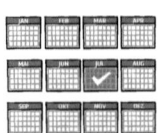

srpanj

julho

kolovoz

agosto

godina - ano

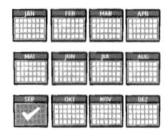

rujan
....
setembro

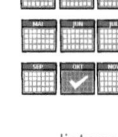

listopad
....
outubro

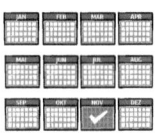

studeni
....
novembro

prosinac
....
dezembro

oblici
formas

krug
....
círculo

kvadrat
....
quadrado

pravokutnik
....
retângulo

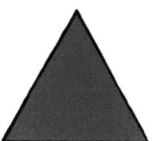

trokut
....
triângulo

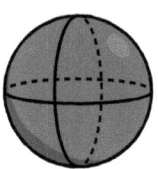

kugla
....
esfera

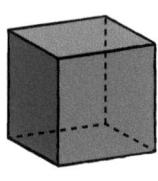

kocka
....
cubo

bijela

branco

žuta

amarelo

narančasta

laranja

ružičasta

rosa

crvena

vermelho

ljubičasta

lilás

plava

azul

zelena

verde

smeđa

castanho

siva

cinzento

crna

preto

mnogo / malo

muito / pouco

ljutito / mirno

furioso / calmo

lijepo / ružno

lindo / feio

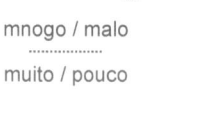

početak / kraj

princípio / fim

veliko / maleno

grande / pequeno

svijetlo / tamno

claro / escuro

brat / sestra

irmão / irmã

čisto / prljavo

limpo / sujo

potpuno / nepotpuno

completo / incompleto

dan / noć

dia / noite

mrtvo / živo

morto / vivo

široko / usko

largo / estreito

jestivo / nejestivo

comestível / não comestível

zlo / dobro

mau / gentil

uzbuđeno / dosadno

entusiasmado / entediado

debelo / mršavo

gordo / magro

na početku / na kraju

primeiro / último

prijatelj / neprijatelj

amigo / inimigo

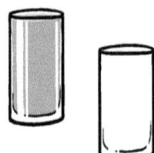

puno / prazno

cheio / vazio

tvrdo / mekano

duro / macio

teško / lagano

pesado / leve

glad / žeđ

fome / sede

bolesno / zdravo

doente / saudável

ilegalno / legalno

ilegal / legal

pametno / glupo

inteligente / burro

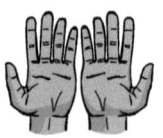

lijevo / desno

esquerda / direita

blizu / daleko

perto / longe

novo / rabljeno
novo / usado

ništa / nešto
nada / algo

staro / mlado
velho / jovem

uključeno / isključeno
ligado / desligado

otvoreno / zatvoreno
aberto / fechado

tiho / glasno
baixo / alto

bogato / siromašno
rico / pobre

točno / pogrešno
certo / errado

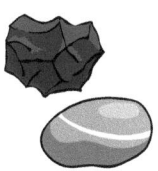

hrapavo / glatko
áspero / liso

tužno / sretno
triste / feliz

kratko / dugo
curto / longo

polako / brzo
lento / rápido

mokro / suho
molhado / seco

toplo / hladno
ameno / fresco

rat / mir
guerra / paz

0	**1**	**2**
nula	jedan	dva
zero	um	dois

3	**4**	**5**
tri	četiri	pet
três	quatro	cinco

6	**7**	**8**
šest	sedam	osam
seis	sete	oito

9	**10**	**11**
devet	deset	jedanaest
nove	dez	onze

12

dvanaest

doze

13

trinaest

treze

14

četrnaest

catorze

15

petnaest

quinze

16

šestnaest

dezasseis

17

sedamnaest

dezassete

18

osamnaest

dezoito

19

devetnaest

dezanove

20

dvadeset

vinte

100

stotinu

cem

1.000

tisuću

mil

1.000.000

milijun

milhão

engleski

inglês

američko engleski

inglês americano

kinesko mandarinski

chinês mandarim

hindi

hindi

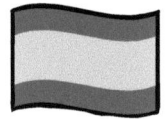

španjolski

espanhol

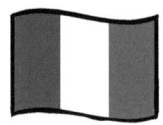

francuski

francês

arapski

árabe

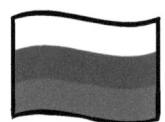

ruski

russo

portugalski

português

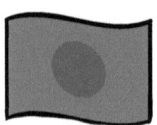

bengalski

bengalês

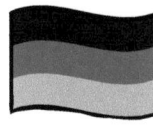

njemački

alemão

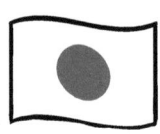

japanski

japonês

ja
eu

ti
tu

on / ona / ono
ele / ela

mi
nós

vi
vós

oni
eles / elas

tko?
quem?

što?
o quê?

kako?
como?

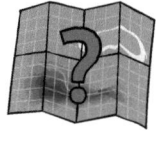

gdje?
onde?

kada?
quando?

HELLO, I AM

ime
nome

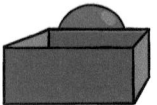

iza
....
atrás

u
....
em

ispred
....
à frente de

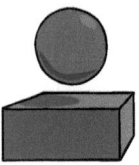

preko
....
sobre

na
....
em cima

ispod
....
debaixo

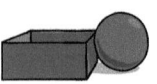

pored
....
ao lado

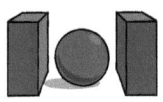

između
....
entre

mjesto
....
lugar